Johannes Paul II.

Ihr seid ein Segen

Johannes Paul II.

Ihr seid ein Segen

Worte an die älteren Menschen

Mit Anregungen zum Nachdenken
von Heinrich Spaemann

Herder Freiburg · Basel · Wien

8. Auflage

Einbandfoto: A. Mari, L'Osservatore Romano

Satz: Fotosatz Leingärtner, Nabburg
Druck und Einband: Freiburger Graphische Betriebe 1983
ISBN 3-451-19408-2

Inhalt

Meine lieben Brüder und Schwestern
im vorgerückten Alter!

Mit ganz besonderer Freude erfüllt es mich,
daß ich im Rahmen meines Deutschlandbesuches
Euch in einer eigenen Gebetsstunde
begegnen darf.
Ich komme wie zu vertrauten Freunden;
weiß ich mich doch in meinem Dienst
gerade von Eurem Anteilnehmen
und Beten und Opfern getragen.
So begrüße ich Euch hier im Hohen Dom
Unserer Lieben Frau zu München
mit bewegter Dankbarkeit!
Einen besonderen Dank
für die tiefen Worte der Begrüßung
und für Euer begleitendes Gebet
während dieser Tage!
Mit Euch begrüße ich alle Eure Altersgenossen
in Eurem Vaterland, besonders jene,
die durch Rundfunk und Fernsehen
jetzt mit uns verbunden sind.

„Grüß Gott“ Euch allen,
die Ihr auf dem Pilgerweg dieses Lebens
schon länger als ich
„die Last und die Hitze des Tages tragt“[1],
schon länger als ich dem Herrn zu begegnen
und in Treue zu dienen bemüht seid,
im großen und kleinen, in Freud und Leid!

Das Alter bringt die Ernte ein

Der Papst verneigt sich in Ehrfurcht
vor dem Alter,
und er lädt alle ein, es mit ihm zu tun.
Das Alter ist die Krone der Stufen des Lebens.
Es bringt die Ernte ein,
die Ernte aus dem Gelernten,
aus dem Erlebten,
die Ernte aus dem Geleisteten
und dem Erreichten,
die Ernte auch aus dem Erlittenen
und Bestandenen.
Wie im Schlußsatz einer großen Symphonie
kommen die großen Themen des Lebens
zum machtvollen Zusammenklang.
Und dieses Zusammenklingen
verleiht Weisheit;

– die Weisheit,
um die der junge König Salomon betet[2],
die ihm entscheidender ist
als Macht und Reichtum,
wichtiger als Schönheit und Gesundheit[3];
– die Weisheit,
von der wir in den Lebensregeln
des Alten Bundes lesen:
„Wie gut steht Hochbetagten Weisheit an,
würdigen Männern Überlegung und Rat.
Ein Ehrenkranz der Alten ist reiche Erfahrung,
ihr Ruhm ist die Gottesfurcht.“[4]

Der heutigen Altersgeneration, also Euch,
meine lieben Brüder und Schwestern,
kommt dieser Ehrenkranz der Weisheit
ganz besonders zu:
Ihr habt zum Teil in zwei Weltkriegen
unendlich viel Leid erleben
und miterleben müssen,
viele haben dabei Angehörige,
Gesundheit, Beruf, Heim und Heimat verloren;
Ihr habt die Abgründe
des Menschenherzens kennengelernt,
aber auch seine Fähigkeit
zu heroischer Hilfsbereitschaft und Glaubenstreue
und seine Kraft zu neuem Anfang.

Die Weisheit läßt uns „Ja“ sagen

Die Weisheit verleiht Abstand,
aber nicht einen Abstand der Weltferne;
sie läßt den Menschen über den Dingen stehen,
ohne sie zu verachten;
Sie läßt uns die Welt
mit den Augen – mit dem Herzen! – Gottes sehen.
Sie läßt uns mit Gott „Ja“ sagen,
auch zu unseren Grenzen,
auch zu unserer Vergangenheit –
mit ihren Enttäuschungen,
Versäumnissen und Sünden.
Denn „wir wissen, daß Gott bei denen,
die ihn lieben, alles zum Guten führt“[5].
Aus der versöhnenden Kraft dieser Weisheit
erblühen dann Güte, Geduld, Verstehen
und – jene köstliche Zierde des Alters: der Humor.

Ihr selbst, meine verehrten Schwestern
und Brüder, wißt am besten,
daß diese wertvolle Lebensernte,
die Euch der Schöpfer zugedacht hat,
kein unangefochtener Besitz ist.
Sie verlangt Wachsamkeit,
Sorgfalt, Selbstkontrolle,
manchmal auch entschlossenen Kampf.

Sonst wird sie nur allzuleicht
angenagt oder zersetzt
durch Trägheit, durch Laune,
durch Oberflächlichkeit,
durch Herrschsucht
oder gar durch Verbitterung.
Verliert nicht den Mut,
beginnt mit der Gnade unseres Herrn
immer wieder von neuem
und bedient Euch der Kraftquellen,
die Er Euch anbietet:
im Sakrament des Brotes
und der Vergebung,
im Wort der Predigt und der Lektüre
und im geistlichen Gespräch!

An dieser Stelle darf ich
sicher auch in Eurem Namen
allen Priestern von Herzen danken,
die der Seelsorge an alten Menschen
einen entscheidenden Platz in ihrer Arbeit
und in ihrem Herzen einräumen.
Sie erweisen damit
zugleich ihrer Gesamtgemeinde
den besten Dienst;
gewinnen sie ihr doch
gleichsam eine Heerschar treuer Beter.

Nach Euren Seelsorgern möchte ich
Eure priesterlichen Altersgenossen ansprechen.
Meine lieben Mitbrüder!
Die Kirche dankt Euch für Euer Lebenswerk
im Weinberg des Herrn.
Den jüngeren Priestern
sagt Jesus im Johannesevangelium[6]:
„Andere haben gearbeitet,
und Ihr erntet die Frucht ihrer Arbeit."
Verehrte Presbyteroi,
tragt auch weiterhin die Anliegen der Kirche
im priesterlichen Dienst des Betens vor Gott –
„ad Deum, qui laetificat
iuventutem vestram"[7]!

In allem Zeitlichen reift etwas Ewiges

Ihr Brüder und Schwestern,
der älteren Generation,
Ihr seid ein Schatz für die Kirche,
Ihr seid ein Segen für die Welt!
Wie oft müßt Ihr die jungen Eltern entlasten,
wie gut könnt Ihr die Kleinen einführen
in die Geschichte Eurer Familie und Eurer Heimat,
in die Märchen Eures Volkes
und in die Welt des Glaubens!

Die Jugendlichen finden
in ihren Problemen oft leichter zu Euch
als zur Generation ihrer Eltern.
Euren Söhnen und Töchtern
seid Ihr in schweren Stunden
die wertvollste Stütze.
Mit Rat und Tat wirkt Ihr
in vielen Gremien, Vereinigungen und Initiativen
des kirchlichen und zivilen Lebens mit.
Ihr seid eine notwendige Ergänzung
in einer Welt, die sich
für den Schwung der Jugend
und für die Kraft
der sogenannten „besten Jahre" begeistert,
in einer Welt, in der so sehr zählt,
was man zählen kann.
Ihr erinnert sie daran,
daß sie auf dem Fleiß derer weiterbaut,
die früher jung und kraftvoll waren,
und daß auch sie eines Tages
ihr Werk in jüngere Hände legen wird.
In Euch wird sichtbar,
daß der Sinn des Lebens
nicht nur in Geld-Verdienen
und Geld-Ausgeben bestehen kann,
daß in allem äußeren Tun
zugleich etwas Inneres reifen soll

und in allem Zeitlichen etwas Ewiges –
entsprechend dem Wort des heiligen Paulus:
„Wenn auch unser äußerer Mensch
aufgerieben wird,
der innere wird Tag für Tag erneuert.“[8]

Ja, das Alter verdient unsere Ehrfurcht,
jene Ehrfurcht,
wie sie in der Heiligen Schrift aufleuchtet,
wenn sie uns Abraham und Sara vor Augen stellt,
wenn sie Simeon und Hanna
zur Heiligen Familie in den Tempel ruft,
wenn sie die Priester „Älteste“ nennt[9],
wenn sie die Huldigung der ganzen Schöpfung
zusammenfaßt in der Anbetung
der vierundzwanzig Ältesten
und wenn sie schließlich
Gott selbst bezeichnet: „der Hochbetagte“[10].

Wenn das Leben zur Last wird

Kann man ein höheres Loblied
auf die Würde des Alters singen?
– Aber Ihr wärt gewiß enttäuscht,
meine lieben älteren Zuhörer,
wenn der Papst nicht auch

auf eine andere Seite des Altwerdens einginge;
wenn er Euch nur
die – vielleicht unerwartete – Ehrung
mitgebracht hätte,
den Trost aber schuldig bliebe.
Wie zu der herbstlichen Jahreszeit,
in der wir stehen,
nicht nur die Ernte
und die feierliche Pracht der Farben gehören,
sondern auch das Kahlwerden der Äste
und das Fallen und Zerfallen der Blätter,
nicht nur das weiche, volle Licht,
sondern auch der feuchte, unwirtliche Nebel,
so ähnlich ist das Alter
nicht nur der kraftvolle Schlußakkord
oder die versöhnende Summe des Lebens,
sondern auch eine Zeit des Verwelkens,
eine Zeit, da einem die Welt fremd,
das Leben zur Last
und der Leib zur Qual werden kann.
Und so fügt sich zu meinem Ruf
„Nehmt wahr Eure Würde“
der andere „Nehmt an Eure Bürde“.

Die Bürde des Alters
besteht für die meisten zunächst
in einer gewissen Gebrechlichkeit des Leibes;

die Sinne sind nicht mehr so scharf,
die Gliedmaßen nicht mehr so gefügig,
die Organe werden empfindlicher[11].
Was einem in jüngeren Jahren
in den Tagen einer Krankheit widerfährt,
das wird im Alter oft
zum täglichen – und nächtlichen! – Begleiter.
Auf viele Tätigkeiten,
die einem lieb und teuer waren,
muß man endgültig verzichten.
Auch das Gedächtnis kann seinen Dienst versagen:
Neue Informationen werden
nicht mehr so leicht aufgenommen,
und viele alte verblassen.
Dadurch verliert die Welt ihre Vertrautheit;
die Welt der eigenen Familie
mit den so ganz anders gewordenen
Lebens- und Arbeitsbedingungen
der Erwachsenen,
mit den so gewandelten Interessen
und Ausdrucksformen der Jugend
und mit den neuen Lernzielen
und -methoden der Kinder.
Fremd wird die Heimat
mit ihren wachsenden Städten,
mit der zunehmenden Verkehrsdichte
und der vielfach umgestalteten Landschaft.

Fremd wird die Welt
der Wirtschaft und Politik,
anonym und undurchschaubar wird die Welt
der sozialen und medizinischen Versorgung.
Und sogar jener Bereich,
der uns am meisten Heimat bieten soll –
die Kirche in ihrem Leben und Lehren –
ist vielen von Euch
in manchem fremd geworden
bei ihrem Bestreben,
dem Anspruch der Zeit,
den Erwartungen und Nöten
der jüngeren Generationen gerecht zu werden.

Von dieser schwer verstehbaren Welt
fühlt Ihr Euch mißverstanden,
ja oft genug verstoßen.
Eure Meinung, Eure Mitwirkung,
Eure Gegenwart ist nicht gefragt –
so empfindet Ihr,
und so ist es leider manchmal auch wirklich.

Er ist der Gefährte Eurer Leiden

Was kann der Papst da sagen?
Womit soll ich Euch trösten?
Ich will es mir nicht so leicht machen.
Ich will die Bedrängnisse des Alters,
Eure Gebrechen und Krankheiten,
Eure Hilflosigkeit und Vereinsamung,
nicht verharmlosen.
Aber ich möchte sie mit Euch
in einem versöhnenden Lichte sehen –
im Lichte unseres Heilandes,
„der für uns Blut geschwitzt hat,
der für uns gegeißelt worden ist,
der für uns mit Dornen gekrönt worden ist“.
Er ist in den Prüfungen des Alters
Euer Leidensgefährte,
und Ihr seid die Gefährten seines Kreuzweges.
Keine Träne weint Ihr allein,
und keine weint Ihr vergeblich[12].
Durch Leiden hat er das Leid erlöst,
und durch Leiden wirkt Ihr mit
an seiner Erlösung[13].
Nehmt Euer Leiden an als Seine Umarmung
und macht es zum Segen,
indem Ihr es mit Ihm annehmt
aus der Hand des Vaters,

der in unergründlicher,
aber unbezweifelbarer Weisheit und Liebe
gerade darin Eure Vollendung wirkt.
Im Feuerofen wird das Erz zum Gold[14];
in der Kelter wird die Traube zum Wein.

In diesem Geist –
den uns nur Gott geben kann –
wird es dann auch leichter,
sowohl mit jenen Verständnis zu haben,
die durch Nachlässigkeit, Unachtsamkeit,
Gedankenlosigkeit
unsere Not mitverursachen,
wie auch jenen zu verzeihen,
die uns bewußt, ja absichtlich Schmerz zufügen,
aber doch nie ganz ermessen können,
wie sehr sie uns wehtun.
Laßt uns mit dem Gekreuzigten sprechen:
„Vater, vergib ihnen,
denn sie wissen nicht, was sie tun!“[15]
Auch über uns selbst
ist ja dieses einzig erlösende Wort gesprochen.

Das königliche Wort „Danke“

In diesem Geist – um den wir
in dieser Stunde
miteinander und füreinander beten –
werden wir dann auch wach und dankbar
für all die liebevollen Gedanken,
Worte und Werke,
die uns tagtäglich zuteil werden,
an die wir uns leicht gewöhnen
und die wir deshalb leicht
als selbstverständlich nehmen
und übersehen.
Wir feiern heute das Fest der heiligen Elisabeth,
einer Heiligen,
die Eure Nation der ganzen Welt
als Symbol aufopfernder Caritas geschenkt hat.
Sie ist das hohe Vorbild
und die hehre Patronin aller,
die – sei es durch ihren Beruf,
sei es ehrenamtlich
oder im Bekannten- und Verwandtenkreis –
dem hilfsbedürftigen Mitmenschen dienen
und in ihm – ob sie es wissen oder nicht –
Christus begegnen.
Das, meine lieben Alten,
ist der Lohn, den Ihr jenen gebt,

denen Ihr so ungern zur Last fallt.
Ihr seid ihnen Anlaß
zur Begegnung mit dem Herrn,
Gelegenheit,
über sich selbst hinauszuwachsen,
und Ihr gebt ihnen durch Eure Zuwendung
Anteil an den erwähnten Früchten des Lebens,
die Gott in Euch reifen läßt!
Begrabt also nicht Eure Bitten
in einem zaghaften,
enttäuschten oder vorwurfsvollen Herzen,
sondern bringt sie
in aller Selbstverständlichkeit zum Ausdruck –
überzeugt von Eurer eigenen Würde
und vom Guten im Herzen des anderen.
Und freut Euch über jede Gelegenheit,
jenes königliche Wort „Danke“ einzuüben,
das von allen Altären aufsteigt
und das einmal
unsere ewige Seligkeit erfüllen wird.

Und so darf ich sicher mit Euch zusammen
all jenen danken,
die sich in den vielen kirchlichen,
zivilen und öffentlichen Organisationen,
Verbänden und Initiativen,
auf gemeindlicher oder höherer Ebene,

in Gesetzgebung und Verwaltung
oder auch rein privat
um das Wohl der älteren Generation bemühen,
um ihr Wohl an Leib und Gemüt,
um erfülltes Leben
und bleibende Beheimatung in der Gesellschaft.
Besonders begrüße ich dabei,
daß die Arbeit für die Alten
immer mehr eine Arbeit mit den Alten wird.

Einander helfen

Und damit bin ich wieder bei Euch,
meine älteren Brüder und Schwestern,
und bei dem Trost, den Ihr von mir erwartet.
Ein Sprichwort sagt:
„Bist Du einsam, so besuche einen,
der noch einsamer ist als Du!“
Diese Weisheit möchte ich Euch ans Herz legen.
Öffnet Eure Gedanken für jene Weggefährten,
denen Ihr in irgendeiner Hinsicht
helfen könnt – durch ein Gespräch,
durch eine Handreichung, eine Besorgung
oder wenigstens durch das bekundete Mitfühlen!
Ich verspreche es Euch im Namen Jesu:
Ihr werdet darin Kraft und Trost finden[16].

So übt Ihr zugleich im kleinen,
was wir alle im großen sind.
Wir sind ein Leib in vielen Gliedern:
die Hilfe-Bringenden und die Hilfe-Empfangenden,
die Gesünderen und die Kränkeren,
die Jüngeren und die Älteren;
jene, die sich im Leben schon bewährt haben,
jene, die in der Bewährung stehen,
und jene, die erst in sie hineinwachsen;
jene, die jung sind,
und jene, die einmal jung waren;
jene, die alt sind,
und jene, die morgen alt sein werden.
Wir alle stellen miteinander
die Fülle des Leibes Christi dar,
und wir alle reifen miteinander
in diese Fülle hinein –
„in die Fülle des Mannesalters in Christus“[17].

Im Angesicht des Todes

Der letzte Trost, den wir miteinander suchen,
meine lieben Mitpilger
„in diesem Tal der Tränen“[18]
ist der Trost im Angesicht des Todes.
Seit unserer Geburt gehen wir ihm entgegen,

aber im Alter wird uns sein Nahen
von Jahr zu Jahr bewußter –
wenn wir es nicht gewaltsam
aus unseren Gedanken und Gefühlen verdrängen.
Der Schöpfer hat es so gefügt, daß im Alter
ein Annehmen und Bestehen des Todes
auf fast natürliche Weise vorbereitet,
erleichtert und eingeübt wird.
Ist doch das Altwerden, wie wir gesehen haben,
ein allmähliches Abschiednehmen
von der ungebrochenen Fülle des Lebens,
vom unbehinderten Kontakt mit der Welt.

Die große Schule des Lebens und Sterbens
führt uns sodann an manches offene Grab,
sie läßt uns an manchem Sterbebett stehen,
bevor wir selbst es sind,
um die – so gebe es Gott –
andere betend stehen werden.
Der alte Mensch hat
solche Lehrstunden des Lebens
in höherer Zahl erlebt als der junge,
und er erlebt sie in steigender Häufigkeit.
Das ist sein großer Vorteil
auf dem Weg an die große Schwelle,
die wir uns oft
einseitig als Abgrund und Nacht ausmalen.

Der Blick über die Schwelle
ist von unserer Seite aus getrübt;
aber jenen, die uns vorangegangen sind,
mag es Gott viel öfter, als man meint,
gewähren, in Seiner Liebe unser Leben
zu begleiten und zu umsorgen.
Es war ein Gedanke
tiefen und lebendigen Glaubens,
der einer Kirche dieser Stadt als Patrozinium
den Namen „Allerseelen-Kirche“ gab.
Und die beiden deutschen Kirchen in Rom heißen:
„Sankt Maria zum Friedhof – in Campo Santo“
und „Sankt Maria
zu den Armen Seelen – dell' Anima“.
Je mehr die Mitmenschen
unserer sichtbaren Umwelt
an die Grenzen ihres Helfens kommen,
desto mehr sollen wir
in jenen die Boten der Liebe Gottes sehen,
die den Tod schon bestanden haben
und uns von drüben her erwarten:
die Heiligen, besonders unsere persönlichen Patrone,
und unsere verstorbenen
Angehörigen und Freunde, die wir
in Gottes Barmherzigkeit geborgen hoffen.

Viele von Euch,
meine lieben Schwestern und Brüder,
haben die sichtbare Nähe
ihres Lebensgefährten verloren.
Ihnen gilt meine seelsorgliche Bitte:
Laßt immer bewußter
Gott zum Partner Eures Lebens werden,
dann seid Ihr zugleich mit jenem verbunden,
den Er Euch einst
zum Weggefährten gab
und der nun selber in Gott seine Mitte gefunden hat.

Ohne eine Vertrautheit mit Gott
gibt es letztlich keinen Trost im Sterben.
Denn gerade das will ja Gott mit dem Tod:
daß wir uns wenigstens
in dieser einen hohen Stunde unseres Lebens
ganz in seine Liebe fallen lassen,
ohne jede andere Sicherheit
als eben diese seine Liebe.
Wie könnten wir ihm ungetrübter
unser Glauben, Hoffen, Lieben zeigen!

Uns allen steht eine Geburt bevor

Ein letzter Gedanke in diesem Zusammenhang.
Er ist sicher manchem von Euch
aus dem Herzen gesprochen.
Der Tod selber ist ein Trost!
Das Leben auf dieser Erde,
selbst wenn sie nicht ein „Tal der Tränen“ wäre,
könnte uns nicht für immer Heimat bieten.
Sie würde mehr und mehr
zum Gefängnis, zur „Verbannung“[18].
Denn „alles Vergängliche ist nur ein Gleichnis“[19]!
Und so drängen sich uns
die nie verblassenden Worte
des heiligen Augustinus auf die Lippen:
„Auf Dich hin hast Du uns geschaffen, Herr;
und ruhelos ist unser Herz,
bis es seine Ruhe findet in Dir!“[20]

So gibt es nicht die Todgeweihten
und die im sogenannten Leben Stehenden.
Was uns allen bevorsteht,
ist eine Geburt, eine Verwandlung,
deren Wehen wir mit Jesus am Ölberg fürchten,
deren strahlendern Ausgang
wir aber schon in uns tragen, seit wir in der Taufe
in Jesu Tod und Sieg hineingetaucht wurden[21].

Mit Euch allen, mit Euch hier im Frauendom,
mit Euch am Radio und am Fernsehgerät,
mit allen, denen ich in diesen gesegneten Tagen
begegnen durfte,
mit allen Bürgern und Gästen
dieses schönen Landes,
mit allen Glaubenden und für alle Suchenden,
mit den Kindern und den Jugendlichen,
den Erwachsenen und den Alten
möchte ich in dieser Stunde des Abschiedes
unsere Besinnung zum Gebet werden lassen:

„Vom Mutterschoß an bist du mein Beschützer;
verlaß mich nicht,
wenn meine Kräfte schwinden!“[22]

„Komm uns zu Hilfe mit Deinem Erbarmen
und bewahre uns vor Verwirrung und Sünde,
damit wir voll Zuversicht das Kommen
unseres Erlösers Jesus Christus erwarten!“[23]

Und im Liebfrauendom möchte ich unser Beten,
das immer in Jesu Geist gesprochen,
immer nur durch Jesus vor den Vater kommt,
verbinden mit dem Beten jener,
die uns als Erst-Erlöste
Mutter und Schwester ist[24]:

„Heilige Maria,
Mutter Gottes,
bitte für uns Sünder,
jetzt
und in der Stunde unseres Todes!
Amen.“

Anmerkungen

[1] Mt 20,12.
[2] Vgl. 1 Kön 3,9.11.
[3] Vgl. Weish. 7,7.8.10.
[4] Sir 25,5f.
[5] Röm 8,28.
[6] Joh 4,38.
[7] Ps 43,4.
[8] 2 Kor 4,16.
[9] Apg 14,23; 15,2; 1 Tim 4,14; 5,17.19; Tit 1,5; 1 Petr 5,1.
[10] Dan 7,9.22.
[11] Vgl. Koh 12,3f.
[12] Vgl. Ps 56,9.
[13] Vgl. Kol 1,24.
[14] Vgl. 1 Petr 1,7.
[15] Lk 23,34.
[16] Vgl. Apg 20,35.
[17] Eph 4,13.
[18] Salve Regina.
[19] Goethe, Faust II, Schlußchor.
[20] Confessiones I 1,1.
[21] Vgl. Röm 6,3-6; Kol 2,12.
[22] Ps 71,6.9.
[23] Ordinarium der Messe.
[24] Paul VI. zum Abschluß der 3. Sitzungsperiode des Konzils, Insegnamenti II, S. 675 und 664.

Heinrich Spaemann

Anregungen zum Nachdenken

Es geht diesem Papst um den Menschen: der Mensch, wie Gott ihn will, in seiner Würde und mit seiner Bürde, ist sein Thema, seine Sorge. Die Ansprache im Münchener Liebfrauendom war eine von diesem Impuls getragene Antwort auf die Fragen und Erwartungen von Erdenpilgern im Abendabschnitt ihres Lebens.

1

„Der Papst verneigt sich in Ehrfurcht vor dem Alter und lädt alle dazu ein, es mit ihm zu tun", so begann er, und man merkte, daß er das nicht bloß sagte. Die Ehrfurcht vor dem Menschen, erst recht vor dem Alter, gehört so wesentlich zur Gottesfurcht – sie ist ihr Erweis! – wie die Nächstenliebe zur Gottesliebe. Wenn der alternde Mensch sich der Schwelle zur Ewigkeit nähert, so wie die Emmausjünger sie im Gehen mit Jesus am Abend erreichten, wird um ihn die Aura seines Zieles ähnlich spürbar wie um das Kind die seines Ursprungs. So haben die Phasen des Sonnenuntergangs wie des -aufgangs eine Glorie, die das Taggestirn nicht hat.

2

Der Papst sprach seine Hörer auf jene Wirklichkeit an, die die Gnade des Alters und die Würde des Menschseins auf dieser Stufe ausmacht; mehr noch, mit der ihm eigenen charismatischen Kraft sprach er ihnen diese Wirklichkeit so menschlich, so glaubwürdig *zu,* daß einer sie mit einer neuen, ja ersten Freude in sich entdecken konnte, beschämt vielleicht nur darüber, daß man solcher Sicht seines Lebens bisher noch allzu wenig entsprach. Zutrauen und Zuspruch müssen nur echt und tief genug sein, um im andern jenes Selbstvertrauen zu wecken, das zu den primären Voraussetzungen wirklichen Menschseins gehört, und das uns doch oft allzusehr fehlt. Wie ein reines und gutes Auge uns sieht, so suchen wir zu werden. Und so werden wir auch, sofern wir nicht aufhören, solchem Auge zu glauben.

3

„*Ernte*“ ist das Bild, von dem der Papst in seiner Sicht des Alters ausgeht. Man assoziiert Erde und Acker, dann aber auch Sonne, Wind und Regen, die in der Natur das Korn reifen lassen; in der Bibel sind das Bilder für den Menschen in seiner Gottbedürftigkeit und -offenheit, und Gleichnisse für den Heiligen Geist: – durch seine strömende Gewalt, seinen Hauch, seinen Tau, seine Glut wachsen und reifen wir für unsere letzte Bestimmung, den Eingang in Gottes Reich.

Christenzeit ist Heiligen Geistes Zeit, die es „auszukaufen“ gilt (vgl. Eph 5,15-20). Der Kaufpreis für diese kostbare Perle in der Muschel irdischer Lebenszeit ist nach der gleichen Epheserbriefstelle unsere Frage nach dem Willen Gottes; Gottes Liebe verantwortet dann alles, was uns begegnet, läßt es uns zum Guten gereichen (vgl. Röm 8,28), in unser Irdisches hinein schenkt sich das Ewige, im äußeren Tun reift zugleich Inneres, im Vergänglichen Bleibendes.

4

Für manche Hörer und Leser könnte es etwas Entmutigendes haben, wenn der Papst im Hinblick auf die Ernte unseres Lebens von „großen Themen" und ihrem Zusammenklingen „wie im Schlußsatz einer großen Symphonie vom Erlernten, Erlebten, Geleisteten, Erreichten, Erfahrenen, Erlittenen und Bestandenen" spricht. Es kann ja doch sein, daß das Leben weithin grauer Alltag war, in seinen Bahnen festgelegt durch den engen Rahmen und die armseligen Zwänge eines bestimmten Milieus, durch arge Familienverhältnisse, durch unabdingbare Forderungen des Erwerbslebens, durch körperliche und psychische Behinderung, und man hat zu allem weder ja noch nein gesagt, das Dasein genommen, wie es eben war. Oder, falls man freizügiger leben konnte: – vielleicht hat man sein Leben im großen und ganzen doch nur einfach als Privatbesitz verbraucht, zwar mit dem äußeren Horizont seiner Konfession, aber ohne eine im Alter nun erkennbare christliche Thematik, etwa einen besonderen Einsatz für die Mitwelt, außer daß man dem Nachbarn aus dem eigenen Lebensgarten gelegentlich ein Zwiebelchen über die Mauer warf . . .

Aber ist man auf alle Fälle nur so viel wert, wie man leistet und geleistet hat, oder wie man Leiden willig ausgehalten hat? Eben dies meint der Papst nicht. Nachdrücklich spricht er im weiteren von einem Sinn des Lebens jenseits der Werte, die man zählen und aufzählen kann, – und daß das Leben diesen Sinn von Gott auch dann noch empfangen kann, wenn der Rückblick auf die Vergangenheit nicht viel anderes als Versäumtes und Verscherztes, als Sünden und Enttäuschungen beinhaltet, sofern man nur, wenn auch spät, – (allzu spät, so denkt man gewiß) – die entscheidende Wende vollzieht, die Anheimgabe an den barmherzigen Gott, und sie im Sakrament der Vergebung und des Brotes besiegelt.

5

Was diese Wende betrifft: es gehört zu den Gnaden des Alters, die auch spät noch eine Lebensernte zur Reife bringen können, daß man vielleicht nach Jahrzehnten geschäftiger Tätigkeit, beruflicher Erfolge oder armseligen Alltags sich mehr und mehr angewiesen findet auf die helfende und sorgende Liebe oder auch nur auf die freundliche Zuwendung des Nächsten, – daß eine Zäsur geschenkt wird, in der die biblisch geforderte Grundhaltung des Kindseins vor Gott und des Angewiesenseins auf den Bruder eine neue Chance bekommt; und daß man mit der Zeit nicht nur physisch, sondern auch seelisch und geistig weitsichtiger wird, – das vordergründige Detail hält den Blick nicht mehr so fest: daraus kann ein Ahnen und Wahrnehmen von tieferen Zusammenhängen entstehen, ein aufschauendes Erwarten, neue Hör- und Lernbereitschaft. Vielleicht klagt unser *Herz* uns jetzt erst, im Alter, wirklich an: es denkt an versäumte Zeit, versäumte Liebe, versäumte Gerechtigkeit. Bestimmte Werke, Verwirklichungen des Menschlichen, des Christlichen, durch die Gottes Sache vorangekommen wäre in der Welt und in uns selbst, sind nicht getan und werden nie mehr getan werden können, ihre Zeit ist vorbei. Was hätte werden können, nicht zuletzt aus uns selbst, es wurde nicht. Was sollen wir tun? Kann man da etwas einholen, nachholen? Nicht mehr vom Menschen her. Mit uns zum Ziel kommen kann jetzt nur noch Gott. Aber ganz ausgeliefert sein an ihn und sein Erbarmen ist noch einmal Gnade: es kann uns eine Vergebung erreichen, eine Reue geschenkt, eine Wende gewährt werden, durch die Versäumtes, Verpaßtes und Vertanes, ja ein ganzes verfehltes Leben aufgeholt, am Ende sogar überholt wird, durch das Mehr an Demut und Dank, die daraus hervorgehen; das Zeugnis einer wirklichen Bekehrung kann der Menschheit mehr geben, als unser Versagen ihr raubte. In den umschaffenden Gewalten der Reue reift Gottes Saat, wenn er will, auch in den letzten Jahren oder Stunden eines Lebens noch zur Ernte. In dem Maß, wie Vergebung tiefer in Anspruch genommen wird, übersteigt auch das Maß der dankbaren Liebe die in der Abwendung von Gott verlorene oder versäumte Gnade. So war es bei der Sünderin im Hause Simons des Pharisäers (vgl. Lk 7,36-50), so bei einem rechten Schächer, einem Augustinus. Wir können und dürfen freilich nicht vermessen mit solcher Gnade rechnen und denken, es sei ja also immer noch Zeit. Im Alter sollte das Herz wissen, daß jeder Aufschub Heilsgefahr ist. Es gehört zur Würde des Alters, und es *ist* bereits ein Zeichen der menschlichen und christlichen Altersreife, wenn einer damit rechnet, daß seine Zeit morgen ablaufen kann, und wenn er nun diese Zeit als die ihm von Gott zu seinem Heil noch gewährte wahrnimmt, als die unwiederbringliche, die sie ist. Ein Christ, der ernst macht, ist einer, der keine Zeit mehr verliert.

6

Begreiflicherweise konnte der Papst in einer kurzen Redezeit vor einer größeren Hörerschaft von älteren Menschen, die er als Lebensstand ansprach, auf Gewissensfragen, die sich dem je einzelnen von uns bei manchen seiner Worte stellen mochten, nur in Andeutungen und zwischen den Zeilen eingehen. Daß seine Ansprache durchdrungen war von einem ansteckenden Geist der gläubigen Bejahung, der Liebe und der Zuversicht, war das Entscheidende. Aber es gab darin an einer Stelle auch so etwas wie eine Quintessenz von Lebensweisung, über die nachzudenken sich wohl besser lohnt, weil sie nach Praxis ruft, und deren Beharrlichkeit von entsprechender Motivierung abhängt:

„Freut euch über jede Gelegenheit, das königliche Wort Danke einzuüben, das von allen Altären aufsteigt und das einmal unsere ewige Seligkeit erfüllen wird."

Wieso ist „Danke" eigentlich ein königliches Wort? Hat nicht gerade ein König es am wenigsten nötig, danke sagen zu müssen? Indes, wenn das Wort König mehr meint als äußeren Vorrang, wenn da einer von Wesen König ist, wird er zwar nicht aus äußerem Zwang, aber aus innerer Notwendigkeit danke sagen. Weil Danken Ausdruck menschlicher

Freiheit und Würde ist, – gegenpolig zum danklosen Anspruch, in dem der Mensch, absehend von einem liebenden Gegenüber, sich zum Objekt erniedrigt.

„Gib mir den Anteil, der mir zusteht", – mit diesem Wort bringt der Sohn im Gleichnis Lukas 15 den Verlust seiner inneren Mitte, seiner königlichen Würde und seiner Freiheit zum Ausdruck. Es drängt ihn in einen Bereich hinein, in dem man nicht mehr bitte und danke zu sagen braucht, sondern sich alles leisten kann aufgrund von Forderungen, die man stellt, von eigener Leistung, von Bezahlung. Es steht einem zu. Dieser Anspruch des Selbstherrlichen führt zu einer zunehmenden Versklavung an Objekte, von deren Habhaftigkeit nun die eigene Herrlichkeit abhängt, bis sich einer schließlich – in Zahlungsschwierigkeiten kommend – selber nurmehr wie ein Objekt behandelt findet, die Grausamkeit und Öde einer Welt erfährt, in der nur „zählt", wer zahlt, und in der am Ende niemand mehr „gibt". Der Tiefpunkt der Geschichte vom verlorenen Sohn ist angedeutet in den Worten: „. . . und niemand *gab* sie ihm", nämlich die Schoten, die er den Schweinen vorwarf: er soll sich jetzt den Tieren gleichmachen und sie an sich reißen. Da ist keine Hand mehr, die ihm gibt. In diesem Augenblick entdeckt er wieder seine Sohneswürde; er behielt ihren entscheidenden Rest: die Freiheit, immer noch wählen zu können; diese blieb ihm, weil der Vater ihn *freigab,* als er gehen wollte, ihn nicht zwang zu bleiben, – so ehrte er noch im Fortgehenden den Sohn, königliche Freiheit ist Wahlfreiheit. Der Verlorene verläßt nun die Welt der Zwänge und damit der Verlorenheit, wählt die Umkehr und kehrt in seine Sohneswürde zurück.

Danken ist die in Freiheit und Würde geschehende Erwiderung von Liebe, ist Eingehen auf einen Gebenden, den einer im je Gegebenen erkennt und anerkennt. Die Welt der bloßen Objekte und der ichhaft bedingten Fesselung an sie ist absolut überstiegen im Austausch der Liebe; ihr Ausdruck ist das Wort „Danke", der Empfangende wird darin selber zum Gebenden. Das ist Königtum: eine Welt verwirklichen, in der man die Freiheit lebt, sich beschenken zu lassen und zu schenken. – Darum fügt der Papst auch hinzu, daß das Wort Danke einmal unsere ewige Seligkeit erfüllen werde. Diese wird hier also schon durch Danksagung eingeübt. – Wie unser ganzes Erdendasein die Bestimmung hat, durch Glauben an Christus als das Licht der Welt eine Adaption an das ewige Licht zu sein, das wir durch den Tod wie durch eine zweite Geburt hindurch schauen sollen, so kann man entsprechend auch unsere Erdenzeit als eine Einübung in Erfahrung und Erwiderung von ewiger Liebe durch Danksagung erachten.

Johannes Paul II. verweist an dieser (einzigen!) Stelle seiner Ansprache auf die *Eucharistie;* sie sagt uns ausdrücklich und wir selbst bekennen es mit dem Liturgen zu Beginn des Hochgebetes feierlich, daß es wahrhaft würdig und recht, geziemend und heilbringend ist, Gott *immer* und *überall* Dank zu sagen. Mit diesem „immer und überall“ ernst machen ist eine letzte Konsequenz unseres Christseins, – unseres vertrauenden Glaubens, daß die barmherzige Vaterliebe Gottes letztlich alles verantwortet, was uns begegnet ist und begegnet. „Der seinen eigenen Sohn nicht geschont, sondern ihn für uns alle dahingegeben hat, wie sollte er uns mit ihm nicht auch alles *schenken!*“ – wie sollte er nicht alles, auch Leid und Kreuz, auch Versagen, in Geschenk, in Heilsgabe verwandeln! (Röm 8,32).

7

Man kann in der Tat die Erfahrung machen, daß das Würdige, Rechte und Geziemende auch das schlechthin Heilbringende ist: alle christlichen Grundhaltungen üben sich nämlich in der durchhaltenden Danksagung wie von selbst mit ein, sie ist darum, auch im Alter noch, der einfachste und sicherste Weg zur Heiligung, ohne die wir Gott nicht schauen können. Dafür einige Verdeutlichungen:

– Danken heißt jeweils das Antlitz der Liebe suchen und innerlich sehen. Wer darin treu ist, den umgibt und durchdringt mehr und mehr Gottes Nähe. Danksagung führt zum Wandel in Gottes Gegenwart.

– Danken macht demütig. Wer für alles dankt, dessen Herz weiß, daß er nichts hat, was er nicht empfangen hätte, daß er aus sich selbst nichts ist und nichts kann; er weiß aber auch, wie viel und wie Großes Gott gibt.

– Dank macht anspruchslos. Da er das im reinen Aufblick verwirklichte Empfangen ist, bewahrt er vor dem Gedanken: ich bin mehr, ich tue mehr, ich verdiene mehr. Wo der Dank aufhört, beginnt und wächst der Anspruch; was Anspruch will, ist Freude ohne Liebe. Wo der Anspruch wächst, nimmt die Freudlosigkeit zu, und wo ihm nicht genügt wird, die Finsternis des bloßen Ich und Selbst, die Auflehnung, die Erbitterung. Der Anspruchslose aber ist immer an der Quelle der Freude, weil er immer an der Quelle der Liebe ist.

– Danken ist mehr als das bloße Wissen der Wahrheit, daß man immerfort ein Beschenkter und Empfangender ist. Es ist der *Vollzug* dieser Wahrheit, es läßt in Fleisch und Blut übergehen, daß man liebebedürftig, gabebedürftig, gnadebedürftig ist. Das macht gütig und barmherzig auch gegen andere!

– Gott und dem Nächsten für alles danken bedeutet nicht selten auch: die unzähligen zarten Erweise der Liebe, die unser Leben tragen, begleiten und durchdringen, erst wahrnehmen. Nur so wird man selbst ein erfinderisch Liebender.

– Wer dankt, der lernt durch Erfahrung „der Liebe glauben“ (1 Joh 4,16), ihr bedingungslos vertrauen. Kleinmut oder Verbitterung gewinnen keinen Raum mehr in ihm, mag er auch arg geprüft werden. Wer für alles dankt, der wird auch durch alles Gott näher gebracht. „Wenn der äußere Mensch aufgerieben wird", – durch Danksagung „erneuert sich der innere von Tag zu Tag" (2 Kor 4,11). Dank ist eine Grundübung des Glaubens, bringt durch Aufblick alles in Zusammenhang mit Gott, enthebt es der Schwere, bewahrt davor, daß das Gegebene oder Aufgegebene eigengewichtig wird, nach unten zieht.

– Dank befestigt im Hoffen und Lieben. Da er immer neues Gedächtnis der Großtaten Gottes ist, richtet er den Dankenden aus auf die Einlösung aller Zusagen Gottes; alles, was man im Dank *von Gott* empfängt, wird Unterpfand der ewigen Gabe, der Seligkeit im kommenden Äon. Im Hier und Jetzt Gegebenen ist dann schon die ewige Gabe gegenwärtig. Darum ruht über dem Leben eines Dankbaren und durch Dank Gereiften ein geheimnisvoller Glanz, – Schechina nennen ihn die Juden – ein Licht der kommenden Welt, das auch andere zu Gott hinzieht.

„Ihr seid ein Segen für die Welt!" so sagt der Papst den Menschen, die für die Kommenden im Dank den Sinn des Lebens offen halten.

Johannes Paul II.

Die Freude, die bleibt

Worte und Bilder der Begegnung

112 Seiten mit 18 Farbbildern, gebunden (Best.-Nr. 19290)

Immer den Menschen sehen, ihn suchen, ihm begegnen – das prägt die Persönlichkeit des heutigen Papstes. Die Tage seines Deutschlandbesuchs (15.-19. November 1980) waren Tage der Begegnung, die in sich den Keim einer Erneuerung von innen her tragen, den Mut zu einem neuen Anfang. Dieses Buch bietet Worte und Bilder der Begegnung mit Johannes Paul II. Was er in Köln oder Osnabrück, Mainz oder Fulda, Altötting oder München sagte, war unzähligen Menschen ins Herz und aus dem Herzen gesprochen. Aus seinen Ansprachen während des Deutschlandbesuchs, aber auch aus den vielen Reden des Papstes in Rom und bei seinen großen apostolischen Reisen sind hier Kernworte ausgewählt: Worte, die unmittelbar ansprechen und weiterhelfen; Worte, die den täglichen Weg des Menschen begleiten können; Worte der Erneuerung, des Vertrauens und der bleibenden Freude.